I0440328

More books coming soon!!..

THANK YOU for your purchase!!

Education Entertainment

Educating & Entertaining through Art

Education and Entertainment

Education_Entertainment

Follow us for more adult and kid coloring books!

2016 January

S	M	T	W	Th	F	Sa
					1	2
3	4	5	6	7	8	9
10	11	12	13	14	15	16
17	18	19	20	21	22	23
24	25	26	27	28	29	30
31						

Mojito

Lime
Ice
Sugar
White Rum
Club Soda
Mint Leaves

2016 February

S	M	T	W	Th	F	Sa
	1	2	3	4	5	6
7	8	9	10	11	12	13
14	15	16	17	18	19	20
21	22	23	24	25	26	27
28						

Cosmopolitan

-Cranberry Juice -Vodka
-Lime Juice -Triple Sec

2016 March

S	M	T	W	Th	F	Sa
		1	2	3	4	5
6	7	8	9	10	11	12
13	14	15	16	17	18	19
20	21	22	23	24	25	26
27	28	29	30	31		

Piña Colada

White Rum
Pineapple Juice
White Rum
Coconut Cream
Coconut Cream
Pineapple

2016 April

S	M	T	W	Th	F	Sa
					1	2
3	4	5	6	7	8	9
10	11	12	13	14	15	16
17	18	19	20	21	22	23
24	25	26	27	28	29	30

Sex on the Beach

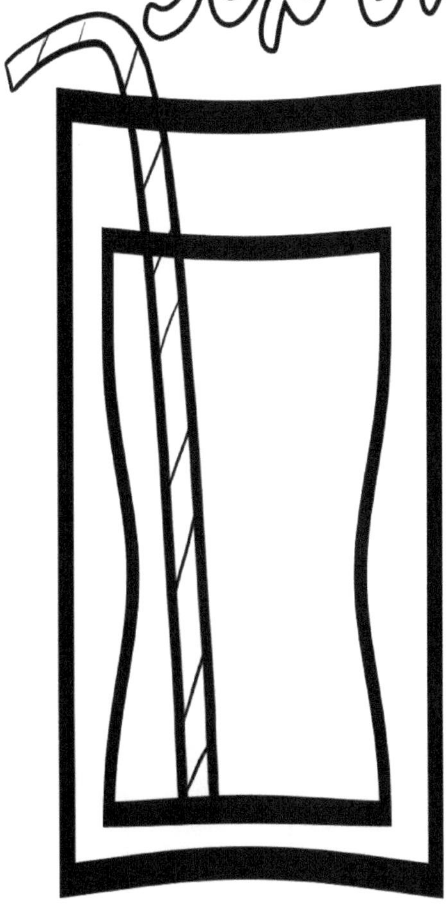

Vodka
Orange Juice
Pineapple Juice
Peach Shnapps
Cranberry Juice

2016 May

S	M	T	W	Th	F	Sa
1	2	3	4	5	6	7
8	9	10	11	12	13	14
15	16	17	18	19	20	21
22	23	24	25	26	27	28
29	30	31				

Strawberry Daiquiri

2016

June

S	M	T	W	Th	F	Sa
			1	2	3	4
5	6	7	8	9	10	11
12	13	14	15	16	17	18
19	20	21	22	23	24	25
26	27	28	29	30		

Bloody Mary

2016

July

S	M	T	W	Th	F	Sa
					1	2
3	4	5	6	7	8	9
10	11	12	13	14	15	16
17	18	19	20	21	22	23
24	25	26	27	28	29	30
31						

Long Island Ice Tea

2016 August

S	M	T	W	Th	F	Sa
	1	2	3	4	5	6
7	8	9	10	11	12	13
14	15	16	17	18	19	20
21	22	23	24	25	26	27
28	29	30	31			

Mimosa

-Champagne
or
Sparkling Wine

-Orange Juice

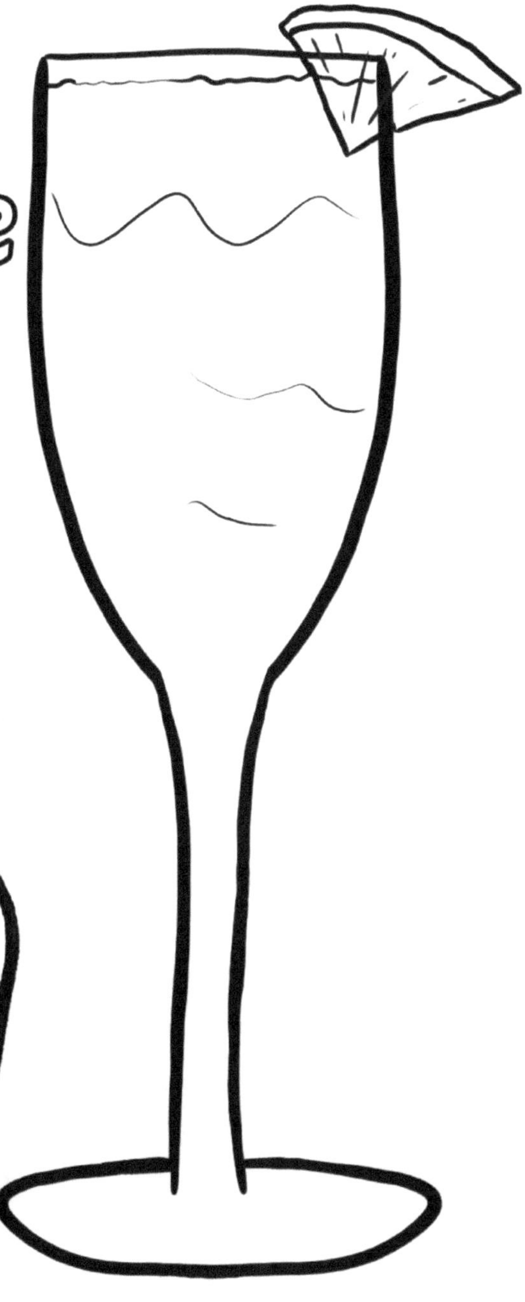

2016 September

S	M	T	W	Th	F	Sa
				1	2	3
4	5	6	7	8	9	10
11	12	13	14	15	16	17
18	19	20	21	22	23	24
25	26	27	28	29	30	

Mai Tai

Pineapple Juice
Almond Syrup
Orange Juice
Light Rum
Dark Rum

2016 October

S	M	T	W	Th	F	Sa
						1
2	3	4	5	6	7	8
9	10	11	12	13	14	15
16	17	18	19	20	21	22
23	24	25	26	27	28	29
30	31					

Margarita

Tequila
Triple Sec
Lime Juice
Margarita Salt
Lime

2016 November

S	M	T	W	Th	F	Sa
		1	2	3	4	5
6	7	8	9	10	11	12
13	14	15	16	17	18	19
20	21	22	23	24	25	26
27	28	29	30			

Martini
Dry Vermouth
Olives
Vodka
VODKA
Dry Vermouth

2016 December

S	M	T	W	Th	F	Sa
				1	2	3
4	5	6	7	8	9	10
11	12	13	14	15	16	17
18	19	20	21	22	23	24
25	26	27	28	29	30	31

Adios!!!

- Sweet & Sour mix
- Blue Curacao Liquor
- Lime Soda -Tequila
- Vodka -Rum -Gin

www.ingramcontent.com/pod-product-compliance
Lightning Source LLC
Chambersburg PA
CBHW060825290526
45792CB00005BB/1806
* 9 7 8 1 5 3 3 1 6 8 2 7 6 *